TORNE-SE UM NEGOCIADOR PRINCIPAL: COMO PERSUADIR E CONVENCER EM QUALQUER SITUAÇÃO

CAPÍTULOS:

1. Noções básicas de negociação: compreender os fundamentos
2. Preparação: planeamento para o sucesso
3. Comunicação não verbal: leitura e utilização da linguagem corporal
4. Escuta activa: desenvolver a empatia e a compreensão
5. Tácticas de persuasão: dominar a arte da influência
6. Negociação colaborativa: encontrar um terreno comum
7. Erros comuns nas negociações e como evitá-los
8. Gestão de conflitos: resolução diplomática de disputas
9. Negociação intercultural: adaptação às diferenças culturais
10. Negociação online: tirar partido das ferramentas digitais
11. Técnicas de ancoragem e alavancagem: exploração de pontos fortes e fracos
12. Convicção ética: negociar com integridade
13. O poder da reciprocidade: dar para receber
14. Negociar em situações difíceis: gerir a pressão e as emoções
15. Tornar-se um negociador mestre: pôr em prática as suas competências recém-adquiridas

Introdução:

Torne-se um Negociador Mestre: Como Persuadir e Convencer em Qualquer Situação é um guia abrangente para desenvolver e aperfeiçoar as suas capacidades de negociação. A negociação é uma habilidade essencial em quase todos os aspectos da vida, desde relações interpessoais a negócios e política. Quer seja um empresário que procura fechar negócios, um empregado que procura negociar um aumento de salário, ou um pai que tenta resolver um conflito entre os seus filhos, dominar a arte da negociação pode ajudá-lo a navegar com sucesso nestas situações e alcançar resultados vantajosos para todas as partes envolvidas.

Este livro foi concebido para lhe proporcionar uma abordagem passo a passo para se tornar um negociador mestre, concentrando-se na compreensão dos fundamentos, no desenvolvimento de competências-chave e na implementação de estratégias eficazes para alcançar os seus objectivos. Ao trabalhar nos 15 capítulos deste livro, aprenderá técnicas comprovadas e dicas práticas para melhorar as suas capacidades de negociação e aumentar a sua confiança numa variedade de situações.

O primeiro capítulo, "As Bases da Negociação", dar-lhe-á uma visão geral dos fundamentos da negociação e explicará porque é que esta habilidade é tão importante na vida quotidiana. Aprenderá conceitos-chave como o interesse mútuo, a zona de oportunidade para um acordo (ZOPA) e a melhor alternativa a um acordo negociado (BATNA).

Nos capítulos seguintes, descobrirá como preparar e planear as suas negociações, utilizar a comunicação não verbal em seu benefício, desenvolver uma escuta activa e uma empatia e compreensão, e dominar a arte da influência através de várias tácticas de persuasão.

Aprenderá também a adoptar uma abordagem de colaboração nas negociações, a resolver conflitos diplomaticamente e a evitar erros comuns que possam comprometer o seu sucesso.

Os capítulos posteriores cobrirão tópicos como a negociação transcultural, negociação em linha, técnicas de ancoragem e alavancagem, e persuasão ética. Descobrirá como se adaptar às diferenças culturais, utilizar ferramentas digitais para facilitar as negociações, explorar os pontos fortes e fracos das partes envolvidas, e negociar com integridade. Além disso, explorará o poder da reciprocidade e como a doação para receber pode desempenhar um papel vital no sucesso das suas negociações.

Nos capítulos finais, aprenderá a lidar com a pressão e as emoções em situações difíceis e a aplicar as suas competências recém-adquiridas para se tornar um negociador mestre. Ao aplicar as lições aprendidas ao longo deste livro, estará melhor equipado para navegar com sucesso numa variedade de situações de negociação e alcançar resultados vantajosos para todas as partes envolvidas.

Torne-se um Negociador Mestre: Como Persuadir e Convencer em Qualquer Situação é um guia essencial para qualquer pessoa que queira melhorar as suas capacidades de negociação e construir a sua confiança numa variedade de situações. Ao seguir as dicas práticas e técnicas comprovadas apresentadas neste livro, estará no seu caminho para se tornar um negociador bem sucedido e ter sucesso em todos os aspectos da sua vida.

CAPÍTULO 1: NOÇÕES BÁSICAS DE NEGOCIAÇÃO: COMPREENDER OS FUNDAMENTOS

A negociação é um processo pelo qual duas ou mais partes tentam chegar a um acordo comum, muitas vezes conciliando interesses concorrentes ou resolvendo conflitos. Para se tornar um negociador principal, é essencial compreender os princípios fundamentais subjacentes à negociação. Neste capítulo, exploramos conceitos fundamentais como o interesse mútuo, a zona de oportunidade para um acordo (ZOPA) e a melhor alternativa a um acordo negociado (BATNA).

1.1 Interesse mútuo

O interesse mútuo é um conceito central na negociação. É a ideia de que ambas as partes envolvidas numa negociação podem beneficiar de um acordo que satisfaça as suas necessidades e desejos. Procurando um terreno comum e trabalhando em conjunto para encontrar soluções criativas, os negociadores podem chegar a acordos vantajosos para todos.

1.2 A Zona de Possível Acordo (ZOPA)

O ZOPA é o leque de resultados possíveis numa negociação que seria aceitável para todas as partes envolvidas. Representa o espaço no qual um acordo pode ser alcançado. Para identificar o ZOPA, os negociadores precisam de avaliar as suas prioridades e limitações, bem como as das outras partes. O ZOPA pode ser amplo ou estreito, dependendo dos interesses e objectivos das partes envolvidas.

1.3 A melhor alternativa a um acordo negociado (BATNA)

O BATNA é a melhor opção que uma parte teria na ausência de um acordo negociado. Representa a referência contra a qual os negociadores podem avaliar as ofertas e propostas que lhes são apresentadas. Conhecer o próprio BATNA é essencial para uma negociação eficaz, pois permite aos negociadores determinar o seu nível de poder e flexibilidade na negociação.

Ao compreender estes fundamentos, pode abordar as negociações com uma base sólida sobre a qual pode construir as suas competências. Nos capítulos seguintes, exploraremos estratégias e técnicas específicas para o ajudar a tornar-se um negociador mestre.

CAPÍTULO 2: PREPARAÇÃO: PLANEAMENTO PARA O SUCESSO

A preparação é um elemento crucial para uma negociação bem sucedida. Ao preparar cuidadosamente, estará melhor equipado para antecipar as necessidades e objectivos das outras partes, e para formular propostas e contra-propostas eficazes. Neste capítulo discutimos as principais etapas da preparação para uma negociação.

2.1 Avaliar os seus objectivos e prioridades

Antes de iniciar uma negociação, é importante identificar claramente os seus objectivos e prioridades. Isto ajudá-lo-á a determinar que concessões está preparado para fazer e onde precisa de se manter firme. Poderá fazê-lo fazendo uma lista dos seus objectivos e classificando-os por ordem de importância, tendo em conta a forma como cada objectivo satisfaz as suas necessidades e as da sua organização.

2.2 Investigação e análise de informação

A pesquisa e análise de informação relevante sobre a outra parte e a situação negocial é essencial para uma preparação adequada. Isto pode incluir o estudo dos antecedentes e motivações das outras partes, bem como a compreensão da dinâmica do mercado ou de factores externos que possam influenciar a negociação. Ao aprender sobre estes elementos, pode adaptar a sua abordagem e desenvolver estratégias para abordar as necessidades e preocupações das outras partes.

2.3 Identificar o seu BATNA e o da outra parte

Como mencionado anteriormente, conhecer o seu BATNA e o da outra parte é crucial para uma negociação bem sucedida. Ao identificar estas alternativas, poderá avaliar as ofertas e propostas em termos da sua relevância para as suas melhores opções fora da negociação. Também o ajudará a determinar o seu nível de poder e flexibilidade na negociação.

2.4 Desenvolvimento de um plano de negociação

Uma vez avaliados os seus objectivos, prioridades, BATNA e informação relevante, é tempo de desenvolver um plano de negociação. Este plano deverá incluir uma estratégia para abordar questões-chave, as tácticas que utilizará para persuadir e influenciar a outra parte, e as concessões que está preparado para fazer para chegar a um acordo. Um plano de negociação bem pensado dar-lhe-á um roteiro claro para navegar no processo de negociação e ajudá-lo-á a manter-se concentrado nos seus objectivos.

Ao seguir estes passos preparatórios, estará pronto a abordar a negociação com confiança e a maximizar as suas hipóteses de sucesso. Nos capítulos seguintes, exploraremos competências e técnicas específicas que o ajudarão a tornar-se um negociador mestre.

CAPÍTULO 3: COMUNICAÇÃO NÃO VERBAL: LEITURA E UTILIZAÇÃO DA LINGUAGEM CORPORAL

A comunicação não verbal, como a linguagem corporal, as expressões faciais e o tom de voz, desempenha um papel importante na negociação. Ao aprender a ler e utilizar eficazmente a comunicação não verbal, pode reforçar os seus argumentos, estabelecer uma melhor ligação com a outra parte e detectar sinais subtis que o podem ajudar a ajustar a sua abordagem.

3.1 Leitura da linguagem corporal da outra parte

A linguagem corporal pode fornecer pistas valiosas para os sentimentos e intenções da outra parte. Por exemplo, o contacto prolongado com os olhos pode indicar interesse ou confiança, enquanto que braços cruzados podem sugerir defensividade. Ao observar cuidadosamente a linguagem corporal da outra parte, pode adaptar a sua comunicação para melhor responder às suas necessidades e preocupações.

3.2 Utilize a sua própria linguagem corporal para reforçar a sua mensagem

A sua própria linguagem corporal também pode ser uma ferramenta poderosa para reforçar a sua mensagem e ligar-se com a outra parte. Adoptar uma postura aberta e confiante, manter um contacto visual apropriado e utilizar gestos para ilustrar os seus pontos pode ajudar a reforçar os seus argumentos e a mostrar o seu empenho na negociação. Ao estar consciente da sua própria linguagem corporal, pode evitar o envio de sinais contraditórios ou negativos.

3.3 Interpretação do tom de voz

O tom de voz é outro aspecto importante da comunicação não-verbal. Pode transmitir emoções e atitudes que não são explicitamente expressas em palavras. Ao prestar atenção ao tom de voz da outra parte, é possível detectar pistas sobre o seu nível de confiança, incerteza ou frustração. Isto permitir-lhe-á ajustar a sua abordagem em conformidade.

3.4 Adapte a sua comunicação não verbal à situação

É importante adaptar a sua comunicação não verbal à situação e às preferências da outra parte. Por exemplo, algumas culturas valorizam o contacto visual sustentado, enquanto outras podem considerá-lo indelicado. Ao estar ciente das normas e expectativas culturais da outra parte, pode assegurar que a sua comunicação não verbal é apropriada e eficaz.

Ao dominar a comunicação não verbal, pode melhorar a sua capacidade de persuadir e influenciar a outra parte nas negociações. Nos capítulos seguintes continuaremos a explorar outras capacidades e técnicas que o ajudarão a tornar-se um negociador mestre.

CAPÍTULO 4: ESCUTA ACTIVA: DESENVOLVER A EMPATIA E A COMPREENSÃO

A escuta activa é uma habilidade essencial na negociação. Implica ouvir atentamente a outra parte, reformular e reflectir o que dizem, e fazer perguntas para clarificar e aprofundar a sua compreensão. Ao desenvolver as suas capacidades de escuta activa, pode construir uma ligação mais forte com a outra parte e compreender melhor as suas necessidades e preocupações.

4.1 Técnicas de escuta activa

Existem várias técnicas de escuta activa que pode utilizar para melhorar a sua compreensão e mostrar à outra parte que está realmente envolvida na conversa. Estas técnicas incluem reformulação, reflexão, clarificação e questionamento aberto. Ao utilizar estas técnicas, pode encorajar a outra parte a partilhar mais informações e a esclarecer os seus pontos de vista.

4.2 O valor da empatia na negociação

A empatia é a capacidade de compreender e partilhar os sentimentos e experiências de outra pessoa. Ao desenvolver a sua empatia, pode compreender melhor as necessidades e preocupações da outra parte e adaptar a sua abordagem em conformidade. A empatia pode também ajudá-lo a estabelecer uma ligação emocional com a outra parte, o que pode criar confiança e facilitar a resolução de conflitos.

Ao desenvolver as suas capacidades de escuta activa e ao cultivar a empatia, será mais capaz de compreender as necessidades e preocupações da outra parte e adaptar a sua abordagem em conformidade. Nos capítulos seguintes, exploraremos outras competências e técnicas que o ajudarão a tornar-se um negociador mestre.

CAPÍTULO 5: ESTRATÉGIAS DE PERSUASÃO: INFLUENCIANDO E CONVENCENDO

A persuasão é um elemento chave de negociação. Ao dominar várias estratégias de persuasão, pode influenciar a outra parte a aceitar o seu ponto de vista ou propostas. Neste capítulo iremos explorar algumas destas estratégias e como aplicá-las eficazmente nas suas negociações.

5.1 Autoridade e credibilidade

Autoridade e credibilidade são factores importantes para persuadir a outra parte. Ao demonstrar os seus conhecimentos e ao fornecer provas tangíveis para apoiar os seus argumentos, pode reforçar a sua posição e ganhar a confiança da outra parte. Isto pode incluir a citação de estudos ou investigações, a utilização de testemunhos de peritos ou a apresentação do seu historial e sucessos relevantes.

5.2 O princípio da reciprocidade

O princípio da reciprocidade é baseado na ideia de que as pessoas tendem a querer retribuir quando recebem algo. Ao oferecer algo à outra parte ou ao fazer uma concessão, pode encorajá-las a fazer-lhe um favor em troca. Isto pode ajudá-lo a obter deles concessões ou compromissos, reforçando ao mesmo tempo a relação de cooperação.

5.3 O efeito de ancoragem

O efeito de ancoragem é um viés cognitivo que influencia a forma como as pessoas avaliam as propostas e ofertas. Quando se faz uma oferta inicial, a outra parte tende a referir-se a ela ao avaliar as ofertas e propostas subsequentes. Ao utilizar o efeito de ancoragem em seu benefício, pode influenciar a percepção da outra parte sobre o que constitui uma oferta justa e aceitável.

5.4 Coerência e compromisso

As pessoas tendem a querer agir de forma consistente com os seus compromissos e valores pessoais anteriores. Ao encorajar a outra parte a comprometer-se publicamente com certas posições ou valores, pode encorajá-las a agir de forma consistente com estes compromissos nas negociações. Isto pode ajudá-lo a assegurar concessões ou compromissos que correspondam aos seus compromissos.

Ao dominar estas estratégias de persuasão, estará melhor equipado para influenciar a outra parte e convencê-la a aceitar as suas propostas e pontos de vista. Nos capítulos seguintes continuaremos a explorar outras competências e técnicas que o ajudarão a tornar-se um negociador mestre.

CAPÍTULO 6: GESTÃO DE CONFLITOS E IMPASSES

Conflitos e impasses são inevitáveis em qualquer negociação. É importante saber como geri-los e resolvê-los eficazmente, a fim de se chegar a um acordo mutuamente satisfatório. Neste capítulo, iremos explorar diferentes abordagens para lidar com conflitos e impasses, bem como técnicas para manter um ambiente de negociação construtivo.

6.1 Estilos de gestão de conflitos

Existem vários estilos de gestão de conflitos, tais como concorrência, colaboração, compromisso, evasão e alojamento. Cada estilo tem as suas vantagens e desvantagens, e é importante escolher aquele que melhor se adapta à situação e aos objectivos da negociação. Ao adaptar o seu estilo de gestão de conflitos à situação, pode melhorar as suas possibilidades de resolução de conflitos e de obtenção de um acordo satisfatório.

6.2 Técnicas de resolução de impasses

Quando confrontado com um impasse numa negociação, é importante dispor de técnicas para a sua resolução e avançar para um acordo. As técnicas comuns para resolver impasses incluem procurar soluções criativas, encontrar pontos de acordo, mediação de terceiros, e recuar para reavaliar objectivos e prioridades. Ao dominar estas técnicas, estará melhor preparado para ultrapassar os impasses e manter o ímpeto da negociação.

6.3 Manutenção de um ambiente de negociação construtivo

Um ambiente de negociação construtivo é essencial para facilitar a resolução de conflitos e o acordo. Para manter um ambiente construtivo, é importante permanecer respeitoso e de mente aberta, evitar ataques pessoais e manter o foco nas questões em causa. Ao estabelecer um clima de confiança e respeito mútuo, pode facilitar uma comunicação aberta e honesta e encorajar a cooperação entre as partes.

Ao dominar as capacidades de gestão de conflitos e resolução de impasses, estará melhor preparado para navegar nos desafios e obstáculos inerentes a qualquer negociação. Nos capítulos seguintes, continuaremos a explorar outras competências e técnicas que o ajudarão a tornar-se um negociador mestre.

CAPÍTULO 7: A PSICOLOGIA DA NEGOCIAÇÃO

A psicologia desempenha um papel importante na negociação, e é essencial compreender os processos mentais e emocionais que estão subjacentes às decisões e comportamento das partes envolvidas. Neste capítulo, exploramos alguns aspectos chave da psicologia da negociação, tais como preconceitos cognitivos, emoções e tomada de decisões.

7.1 Enviesamentos cognitivos na negociação

Os preconceitos cognitivos são erros sistemáticos de pensamento que afectam a forma como as pessoas percebem e interpretam a informação.
Alguns preconceitos cognitivos comuns na negociação incluem a ancoragem, o efeito de dotação e o preconceito de confirmação. Ao compreender estes enviesamentos e estar consciente do seu impacto na negociação, é possível evitar cair nas suas armadilhas e adoptar estratégias para os combater.

7.2 Emoções em negociação

As emoções desempenham um papel crucial na negociação, pois influenciam a forma como as pessoas tomam decisões e reagem às propostas. É importante gerir as suas próprias emoções e ter em conta as da outra parte para evitar que as tensões emocionais se interponham no caminho do processo de negociação. Isto pode incluir a adopção de uma abordagem empática, o reconhecimento e validação das emoções da outra parte, e encontrar soluções que tenham em conta as necessidades emocionais de todas as partes envolvidas.

7.3 Tomada de decisões em negociação

A tomada de decisões é uma parte central da negociação e envolve a avaliação de opções, a comparação de custos e benefícios e a escolha da melhor solução. Ao compreender o processo de tomada de decisão e ao adoptar estratégias para melhorar a qualidade das suas decisões, pode aumentar as suas hipóteses de sucesso nas negociações. Isto pode incluir a definição de objectivos claros, a utilização de informações precisas e relevantes e a avaliação dos riscos e incertezas associados a cada opção.

Ao dominar os aspectos psicológicos da negociação, será mais capaz de compreender e gerir melhor os processos mentais e emocionais que influenciam as decisões e o comportamento das partes envolvidas. Nos capítulos seguintes continuaremos a explorar outras competências e técnicas que o ajudarão a tornar-se um negociador mestre.

CAPÍTULO 8:
PREPARAR E PLANEAR
A NEGOCIAÇÃO

Uma preparação e planeamento cuidadosos são essenciais para o sucesso das negociações. Neste capítulo analisamos as principais etapas do processo de preparação e planeamento, bem como dicas para o ajudar a preparar eficazmente e a desenvolver uma estratégia de negociação sólida.

8.1 Avaliação das necessidades e objectivos

O primeiro passo na preparação é avaliar as suas próprias necessidades e objectivos, bem como os da outra parte. Isto permitir-lhe-á determinar o que é realmente importante para cada parte e identificar áreas onde podem ser feitos compromissos ou acordos. Leve tempo a pensar no que pretende alcançar e no que a outra parte poderá estar à procura.

8.2 Procura de informação

A recolha de informação é uma etapa fundamental da preparação, pois permite recolher dados relevantes que podem informar a sua estratégia de negociação e apoiar os seus argumentos. Isto pode incluir a recolha de informação sobre a outra parte
Precisará de conhecer os seus clientes, as suas necessidades, interesses, pontos fortes e fracos, bem como informações sobre o mercado, tendências e padrões da indústria. Ao reunir estas

informações, estará melhor equipado para formular argumentos convincentes e antecipar objecções ou preocupações da outra parte.

8.3 Definição de uma estratégia de negociação

Uma vez avaliadas as necessidades e os objectivos das partes envolvidas e recolhidas as informações necessárias, é tempo de definir uma estratégia de negociação. Isto inclui a determinação dos seus pontos de partida, pontos de resistência e objectivos desejados, bem como a identificação das concessões que está disposto a fazer e das condições que pretende alcançar. Ao desenvolver uma estratégia clara e bem pensada, estará melhor preparado para abordar as negociações com confiança e determinação.

8.4 Preparação para a comunicação e gestão de conflitos

Finalmente, é importante preparar-se para a comunicação e gestão de conflitos nas negociações. Isto pode incluir ensaiar os seus argumentos, preparar-se para responder a objecções e desenvolver tácticas para lidar com conflitos e impasses. Ao preparar-se para estes aspectos da negociação, estará mais apto a expressar-se de forma clara e convincente e a resolver quaisquer problemas que possam surgir pelo caminho.

Ao preparar e planear cuidadosamente a sua abordagem de negociação, terá a melhor hipótese de chegar a um acordo favorável e satisfatório. Nos capítulos seguintes continuaremos a explorar outras competências e técnicas que o ajudarão a tornar-se um negociador mestre.

CAPÍTULO 9: TÉCNICAS DE ENCERRAMENTO DO COMÉRCIO

Uma vez percorridas as diferentes fases de negociação e estando próximo de um acordo, é importante saber como concluir as negociações de forma eficaz. Neste capítulo exploraremos as técnicas chave para concluir as negociações e chegar a um acordo final que satisfaça todas as partes envolvidas.

9.1 Resumo dos acordos

Quando se chega ao fim das negociações, é útil resumir os acordos alcançados até agora e esclarecer os pontos de acordo e os compromissos assumidos. Isto assegura que todas as partes tenham um entendimento claro e comum do que foi acordado e evita mal-entendidos mais tarde.

9.2 Verificação do compromisso

Antes de concluir as negociações, é importante verificar o empenho de todas as partes nos acordos alcançados. Isto pode incluir o pedido de confirmação verbal ou escrita, bem como a discussão das medidas concretas que serão tomadas para implementar o acordo. Ao verificar o compromisso das partes envolvidas, é possível assegurar que os acordos serão respeitados e implementados eficazmente.

9.3 Assinatura de documentos e contratos

Em muitas negociações, especialmente as que envolvem acordos formais ou legalmente vinculativos, é importante assinar documentos ou contratos para formalizar o acordo. Certificar-se de que todos os termos e condições são claramente indicados nestes documentos e que todas as partes compreendem as suas responsabilidades e obrigações nos termos do acordo. A assinatura de documentos e contratos também assegura a prova escrita do acordo em caso de futuros litígios.

9.4 Celebrar e fortalecer as relações

Após a conclusão bem sucedida de uma negociação, é importante celebrar os sucessos e reforçar a relação entre as partes. Isto pode incluir gestos de agradecimento, felicitações ou celebrações conjuntas. Reconhecendo os esforços de todas as partes e salientando os benefícios mútuos do acordo, é possível fortalecer a relação e encorajar a colaboração futura.

Ao dominar as técnicas de encerramento das negociações, estará melhor preparado para concluir eficazmente as negociações e assegurar que os acordos alcançados são respeitados e implementados com sucesso. Nos capítulos seguintes, continuaremos a explorar outras competências e técnicas que o ajudarão a tornar-se um negociador principal.

CAPÍTULO 10: REFLEXÃO E AVALIAÇÃO PÓS-NEGOCIAÇÃO

Depois de uma negociação ter sido concluída, é importante dedicar tempo a reflectir e avaliar o processo, os resultados e as lições aprendidas. Neste capítulo, discutimos a importância da avaliação e reflexão pós-negociação, bem como dicas para o ajudar a aproveitar ao máximo esta fase crucial.

10.1 Avaliação dos resultados

O primeiro passo na avaliação consiste em olhar para os resultados da negociação. Comparar os resultados com os objectivos e expectativas originais que se fixaram. Determine se atingiu os seus objectivos, se foram feitos compromissos e se o acordo é satisfatório para todas as partes envolvidas.

10.2 Análise do processo de negociação

Para além de avaliar os resultados, é importante analisar o próprio processo de negociação. Reflectir sobre a forma como lidou com a comunicação, resolução de conflitos, impasses e técnicas de persuasão. Identificar áreas em que foi bem sucedido e onde poderia melhorar no futuro.

10.3 Lições aprendidas e melhoria contínua

Finalmente, aprenda com a sua experiência de negociação e identifique áreas onde pode melhorar no futuro. Isto pode incluir o domínio de novas competências, a melhoria da sua preparação e planeamento, ou a implementação de melhores estratégias de comunicação e resolução de conflitos. Aprendendo com cada negociação e trabalhando por conta própria
Ao melhorar constantemente, aumentará as suas hipóteses de sucesso em futuras negociações.

Ao tomar tempo para reflectir e avaliar após cada negociação, pode aprender lições valiosas e melhorar como negociador. Nos capítulos seguintes continuaremos a explorar outras competências e técnicas que o ajudarão a tornar-se um negociador mestre.

CAPÍTULO 11:
GESTÃO DE IMPASSES
E CONFLITOS

Impasses e conflitos são elementos comuns de negociação, e é importante saber como lidar com eles eficazmente. Neste capítulo exploramos estratégias-chave para gerir impasses e conflitos e para encontrar soluções construtivas para os problemas que surgem.

11.1 Causas dos impasses e conflitos

Impasses e conflitos podem surgir por diversas razões, incluindo diferenças de opinião, diferenças de valores ou interesses, e problemas de comunicação. Ao identificar as causas subjacentes aos impasses e conflitos, estará melhor equipado para os resolver eficazmente.

11.2 Estratégias de resolução de conflitos

Existem várias estratégias de resolução de conflitos que podem ser utilizadas nas negociações, incluindo a procura de compromissos, a procura de soluções criativas e a adopção de uma abordagem "win-win". Ao escolher a estratégia certa para a situação e as necessidades das partes envolvidas, é possível resolver conflitos de forma construtiva e chegar a um acordo mutuamente satisfatório.

11.3 Prevenção de bloqueios e conflitos

Em alguns casos, os impasses e conflitos podem ser evitados numa fase inicial. Isto pode incluir o estabelecimento de regras e procedimentos claros para a negociação, a comunicação aberta e transparente e o reconhecimento das necessidades e interesses de todas as partes. Ao adoptar uma abordagem proactiva para prevenir impasses e conflitos, pode facilitar o processo de negociação e aumentar as suas hipóteses de sucesso.

Ao dominar as competências necessárias para gerir impasses e conflitos, estará mais apto a navegar os desafios das negociações e a alcançar soluções construtivas e mutuamente benéficas. Nos capítulos seguintes, continuaremos a explorar outras competências e técnicas que o ajudarão a tornar-se um negociador mestre.

CAPÍTULO 12: TÁCTICAS DE PERSUASÃO E INFLUÊNCIA

Persuasão e influência são competências chave para qualquer negociador. Neste capítulo exploramos as tácticas de persuasão e influência mais eficazes para o ajudar a convencer e persuadir outras partes nas negociações.

12.1 A importância da elaboração de relatórios

A construção de relatórios é uma técnica essencial para criar confiança e compreensão mútua entre as partes. Ao construir uma relação com a outra parte, pode facilitar a comunicação e aumentar as suas hipóteses de alcançar um acordo mutuamente benéfico.

12.2 Reciprocidade e troca

Reciprocidade e intercâmbio são princípios de persuasão que podem ser utilizados para encorajar a cooperação e o acordo entre as partes. Ao oferecer algo de valor à outra parte, pode levá-los a fazer concessões ou a aceitar as suas propostas.

12.3 Compromisso e coerência

O empenho e a coerência são princípios psicológicos que podem ser utilizados para aumentar a persuasão e a influência. Ao obter o compromisso prévio da outra parte em relação a pontos ou princípios-chave, pode encorajá-la a manter-se coerente com esse compromisso e a aceitar as suas propostas subsequentes.

12.4 Prova social e autoridade

A prova social e a autoridade são tácticas persuasivas que podem ser utilizadas para reforçar a sua posição e os seus argumentos nas negociações. Ao fornecer exemplos de pessoas ou organizações respeitadas que apoiam as suas propostas, ou ao demonstrar os seus próprios conhecimentos e autoridade numa determinada área, pode aumentar a credibilidade dos seus argumentos e persuadir a outra parte a aceitar as suas propostas.

Ao dominar tácticas de persuasão e de influência, estará melhor preparado para convencer e persuadir outras partes nas negociações e para alcançar acordos mutuamente benéficos. Nos capítulos seguintes, continuaremos a explorar outras competências e técnicas que o ajudarão a tornar-se um negociador principal.

CAPÍTULO 13:
O PODER DA
RECIPROCIDADE -
DAR PARA RECEBER

Num mundo onde o egoísmo e o individualismo parecem frequentemente dominar, é importante lembrar que estamos todos ligados e que as nossas acções podem ter um impacto nos outros. O poder da reciprocidade é um princípio fundamental que, quando compreendido e aplicado, pode transformar as nossas relações e ajudar-nos a viver vidas mais gratificantes e significativas.

Reciprocidade é o conceito de que quando damos algo, temos mais probabilidades de receber algo em troca. Não é uma troca transaccional, em que damos com a expectativa específica de receber algo em troca. Em vez disso, a reciprocidade é um princípio que funciona a um nível mais profundo e subtil, onde a nossa generosidade para com os outros cria um círculo virtuoso de bondade e abundância.

1. Reciprocidade nas relações

A reciprocidade desempenha um papel crucial nas relações interpessoais. Quando mostramos bondade, cuidado e apoio aos nossos amigos, família e colegas, é mais provável que eles façam o mesmo por nós. Isto cria um ambiente em que todos se sentem valorizados e apoiados, reforçando assim os laços entre as pessoas.

2. Dar sem esperar nada em troca

A chave para desbloquear o poder da reciprocidade é dar sem esperar algo em troca. Isto pode parecer contra-intuitivo, mas ao dar sem condições, criamos um espaço onde outros podem sentir-se livres de retribuir. Isto cria um círculo virtuoso de generosidade e carinho.

3. O poder do voluntariado

O voluntariado é uma óptima forma de experimentar o poder da reciprocidade. Ao oferecer o nosso tempo e energia para ajudar os outros, descobrimos muitas vezes que recebemos muito mais em troca. Os voluntários relatam regularmente sentimentos de satisfação, gratidão e pertença em ajudar os outros.

4. Gratidão como motor da reciprocidade

Expressar gratidão pelas coisas que recebemos, seja um presente material, um acto de bondade ou simplesmente a escuta e o apoio de um amigo, pode activar o ciclo de reciprocidade. Quando expressamos gratidão, reconhecemos a importância do que recebemos e encorajamos outros a continuar a dar.

5. Os benefícios da reciprocidade

O poder da reciprocidade não se limita aos benefícios pessoais. Ao criar comunidades onde as pessoas são encorajadas a dar e receber, ajudamos a construir um mundo mais amável, mais atencioso e gratificante para todos. As acções altruístas têm um efeito de ondulação, inspirando outros a agirem com generosidade e compaixão.

Em conclusão, o poder da reciprocidade reside na nossa capacidade de dar sem esperar nada em troca.
Abraçando este princípio, podemos criar relações mais profundas, reforçar os laços comunitários e inspirar um mundo melhor.

Eis algumas dicas para incorporar a reciprocidade na sua vida quotidiana.

6. Praticar a escuta activa

A escuta activa é uma habilidade essencial para construir relações fortes e encorajar a reciprocidade. Ouvindo atentamente os outros, mostramos respeito e interesse nos seus pensamentos e sentimentos. Isto cria um ambiente de partilha, onde as pessoas se sentem valorizadas e compreendidas.

7. Cultivando a empatia

A empatia, a capacidade de compreender e partilhar os sentimentos dos outros, está no centro da reciprocidade. Ao desenvolver a empatia, estamos mais bem equipados para responder às necessidades dos outros e para oferecer apoio. Isto constrói confiança e cuidado nas nossas relações e comunidades.

8. Desenvolver a generosidade

A generosidade é um traço de carácter que promove a reciprocidade. Ao cultivarmos um espírito de generosidade, temos mais probabilidades de dar sem esperar nada em troca. Isto pode tomar a forma de dons materiais, tempo, energia ou simplesmente apoio emocional e atenção.

9. Criar oportunidades para dar e receber

Para encorajar a reciprocidade na sua vida, procure oportunidades para dar e receber. Participar em eventos comunitários, oferecer ajuda a amigos e vizinhos, e estar aberto a receber ajuda em troca. Quanto mais activos formos na criação destas oportunidades, mais poderemos experimentar o poder da reciprocidade.

10. Celebração de actos de generosidade

Finalmente, é importante celebrar e reconhecer os actos de generosidade, tanto os nossos como os dos outros. Partilhe as suas histórias de reciprocidade com os que o rodeiam e elogie os outros pela sua gentileza e abnegação. Ao destacar estes actos, encorajamos um ambiente onde a reciprocidade possa prosperar.

Ao incorporar estas dicas na nossa vida quotidiana, podemos desbloquear o verdadeiro poder da reciprocidade e criar um círculo virtuoso de generosidade, apoio e carinho. Ao dar sem expectativa de retorno, abrimos a porta a novas oportunidades, relações mais profundas e um mundo mais rico em amor e compaixão.

11. Seja paciente e persistente

É importante lembrar que a reciprocidade nem sempre acontece de imediato. Por vezes, os nossos actos de generosidade podem parecer passar despercebidos, ou pode demorar algum tempo até recebermos algo em troca. No entanto, permanecendo pacientes e continuando a dar sem esperar nada em troca, acabamos por criar um ambiente onde a reciprocidade pode florescer.

12. Aprender a aceitar

Tal como é importante dar, também é essencial aprender a aceitar presentes, elogios e ajuda de outros com graça e gratidão. Ao aceitar com apreço, validamos os esforços dos outros e reforçamos o círculo de reciprocidade.

13. Envolve-te com pessoas que partilham os mesmos valores

Para fomentar a reciprocidade, pode ser útil rodearmo-nos de pessoas que partilham valores semelhantes de generosidade e abnegação. As relações com pessoas que partilham ideais comuns podem apoiar e encorajar-nos a dar e receber de uma forma genuína e sincera.

14. Seja criativo nos seus actos de generosidade

Há inúmeras formas de dar e receber. Não se limite às formas tradicionais de generosidade, tais como presentes materiais ou donativos financeiros. Pense em formas criativas de expressar a sua generosidade, tais como partilhar as suas capacidades, oferecer palavras de encorajamento ou simplesmente estar presente para alguém em necessidade.

15. Reflectindo sobre experiências de reciprocidade

Tire tempo para reflectir sobre as suas experiências de reciprocidade, tanto como doador como como receptor. Ao identificar os momentos em que a reciprocidade desempenhou um papel importante na sua vida, poderá compreender melhor o seu poder e encontrar novas formas de a integrar na sua vida quotidiana.

Em conclusão, a reciprocidade é um princípio poderoso que pode transformar as nossas vidas e a forma como vemos o mundo. Aprendendo a dar sem expectativa de retorno e criando um ambiente onde os outros se sintam livres para fazer o mesmo, podemos fortalecer os laços entre indivíduos, comunidades e mais além. É abraçando o poder da reciprocidade que podemos criar um mundo mais amável, mais solidário e realizador para todos.

Eis um exemplo concreto para ilustrar o poder da reciprocidade na vida quotidiana:
Considere a história de Paul e Emma, dois vizinhos que vivem no mesmo edifício. Um dia, Paul nota que Emma está a ter dificuldades em levar as suas compras para o seu apartamento. Ele decide espontaneamente ajudá-la, sem esperar nada em troca. Emma está muito grata e agradece calorosamente a Paul pelo seu gesto.

Algumas semanas mais tarde, Paul está de férias e percebe que se esqueceu de pedir a alguém para regar as suas plantas enquanto estava fora. Ele envia uma mensagem à Emma a perguntar se ela o pode fazer. Recordando a ajuda de Paul, Emma concorda prontamente e toma conta das plantas de Paul até ele regressar.

Este exemplo mostra como um acto de generosidade sem expectativa de recompensa imediata pode criar um círculo virtuoso de reciprocidade. Paul ajudou Emma sem esperar nada em troca, e quando ele precisava de ajuda por sua vez, Emma estava lá para retribuir.

Esta história também ilustra a importância da gratidão e do reconhecimento no ciclo de reciprocidade. Emma expressou gratidão a Paulo pela sua ajuda, reforçando a ligação entre eles e criando um ambiente para a reciprocidade. Se Ema não tivesse ficado grata, é possível que Paulo não tivesse pensado nela quando, por sua vez, precisou de ajuda.

Finalmente, este exemplo destaca a necessidade de estar aberto a receber ajuda e generosidade de outros. Paul pode ter tido relutância em pedir ajuda a Emma, mas ao estar aberto a receber, permitiu que a Emma retribuísse e fortalecesse os seus laços. Este tipo de intercâmbio pode ajudar a criar uma comunidade mais solidária e solidária, onde as pessoas estão dispostas a ajudar e a apoiar-se mutuamente sem esperar nada em troca.

CAPÍTULO 13:
O PODER DA
RECIPROCIDADE -
DAR PARA RECEBER

Num mundo onde o egoísmo e o individualismo parecem frequentemente dominar, é importante lembrar que estamos todos ligados e que as nossas acções podem ter um impacto nos outros. O poder da reciprocidade é um princípio fundamental que, quando compreendido e aplicado, pode transformar as nossas relações e ajudar-nos a viver vidas mais gratificantes e significativas.

Reciprocidade é o conceito de que quando damos algo, temos mais probabilidades de receber algo em troca. Não é uma troca transaccional, em que damos com a expectativa específica de receber algo em troca. Em vez disso, a reciprocidade é um princípio que opera a um nível mais profundo e subtil, onde a nossa generosidade para com os outros cria um círculo virtuoso de bondade e abundância.

1. Reciprocidade nas relações

A reciprocidade desempenha um papel crucial nas relações interpessoais. Quando mostramos bondade, cuidado e apoio aos nossos amigos, família e colegas, é mais provável que eles façam o mesmo por nós. Isto cria um ambiente em que todos se sentem valorizados e apoiados, reforçando assim os laços entre as pessoas.

2. Dar sem esperar nada em troca

A chave para desbloquear o poder da reciprocidade é dar sem esperar algo em troca. Isto pode parecer contra-intuitivo, mas ao dar sem condições, criamos um espaço onde outros podem sentir-se livres de retribuir. Isto cria um círculo virtuoso de generosidade e carinho.

3. O poder do voluntariado

O voluntariado é uma óptima forma de experimentar o poder da reciprocidade. Ao oferecer o nosso tempo e energia para ajudar os outros, descobrimos muitas vezes que recebemos muito mais em troca. Os voluntários relatam regularmente sentimentos de satisfação, gratidão e pertença em ajudar os outros.

4. Gratidão como motor da reciprocidade

Expressar gratidão pelas coisas que recebemos, seja um presente material, um acto de bondade ou simplesmente a escuta e o apoio de um amigo, pode activar o ciclo de reciprocidade. Quando expressamos gratidão, reconhecemos a importância do que recebemos e encorajamos outros a continuar a dar.

5. Os benefícios da reciprocidade

O poder da reciprocidade não se limita aos benefícios pessoais. Ao criar comunidades onde as pessoas são encorajadas a dar e receber, ajudamos a construir um mundo mais amável, mais atencioso e gratificante para todos. As acções altruísticas têm um efeito de ondulação, inspirando outros a agirem com generosidade e compaixão.

Em conclusão, o poder da reciprocidade reside na nossa capacidade de dar sem esperar nada em troca.

Abraçando este princípio, podemos criar relações mais profundas, reforçar os laços comunitários e inspirar um mundo melhor. Eis algumas dicas para incorporar a reciprocidade na sua vida quotidiana:

6. Praticar a escuta activa

A escuta activa é uma habilidade essencial para construir relações fortes e encorajar a reciprocidade. Ouvindo atentamente os outros, mostramos respeito e interesse nos seus pensamentos e sentimentos. Isto cria um ambiente de partilha, onde as pessoas se sentem valorizadas e compreendidas.

7. Cultivando a empatia

A empatia, a capacidade de compreender e partilhar os sentimentos dos outros, está no centro da reciprocidade. Ao desenvolver a empatia, estamos mais bem equipados para responder às necessidades dos outros e para oferecer apoio. Isto constrói confiança e cuidado nas nossas relações e comunidades.

8. Desenvolver a generosidade

A generosidade é um traço de carácter que promove a reciprocidade. Ao cultivarmos um espírito de generosidade, temos mais probabilidades de dar sem esperar nada em troca. Isto pode tomar a forma de dons materiais, tempo, energia ou simplesmente apoio emocional e atenção.

9. Criar oportunidades para dar e receber

Para encorajar a reciprocidade na sua vida, procure oportunidades para dar e receber. Participar em eventos comunitários, oferecer ajuda a amigos e vizinhos, e estar aberto a receber ajuda em troca. Quanto mais activos formos na criação destas oportunidades, mais poderemos experimentar o poder da reciprocidade.

10. Celebração de actos de generosidade

Finalmente, é importante celebrar e reconhecer os actos de generosidade, tanto os nossos como os dos outros. Partilhe as suas histórias de reciprocidade com os que o rodeiam e elogie os outros pela sua gentileza e abnegação. Ao destacar estes actos, encorajamos um ambiente onde a reciprocidade possa prosperar.

Ao incorporar estas dicas na nossa vida quotidiana, podemos desbloquear o verdadeiro poder da reciprocidade e criar um círculo virtuoso de generosidade, apoio e carinho. Ao dar sem expectativa de retorno, abrimos a porta a novas oportunidades, relações mais profundas e um mundo mais rico em amor e compaixão.

11. Seja paciente e persistente

É importante lembrar que a reciprocidade nem sempre acontece de imediato. Por vezes, os nossos actos de generosidade podem parecer passar despercebidos, ou pode demorar algum tempo até recebermos algo em troca. No entanto, permanecendo pacientes e continuando a dar sem expectativa de retorno, acabaremos por criar um ambiente onde a reciprocidade possa prosperar.

12. Aprender a aceitar

Tal como é importante dar, também é essencial aprender a aceitar presentes, elogios e ajuda de outros com graça e gratidão. Ao aceitar com apreço, validamos os esforços dos outros e reforçamos o círculo de reciprocidade.

13. Envolve-te com pessoas que partilham os mesmos valores

Para fomentar a reciprocidade, pode ser útil rodearmo-nos de pessoas que partilham valores semelhantes de generosidade e abnegação. As relações com pessoas que partilham ideais comuns podem apoiar e encorajar-nos a dar e receber de uma forma genuína e sincera.

14. Seja criativo nos seus actos de generosidade

Há inúmeras formas de dar e receber. Não se limite às formas tradicionais de generosidade, tais como presentes materiais ou donativos financeiros. Pense em formas criativas de expressar a sua generosidade, tais como partilhar as suas capacidades, oferecer palavras de encorajamento ou simplesmente estar presente para alguém em necessidade.

15. Reflectindo sobre experiências de reciprocidade

Tire tempo para reflectir sobre as suas experiências de reciprocidade, tanto como doador como como receptor. Ao identificar os momentos em que a reciprocidade desempenhou um papel importante na sua vida, poderá compreender melhor o seu poder e encontrar novas formas de a integrar na sua vida quotidiana.

Em conclusão, a reciprocidade é um princípio poderoso que pode transformar as nossas vidas e a forma como vemos o mundo. Aprendendo a dar sem expectativa de retorno e criando um ambiente onde os outros se sintam livres para fazer o mesmo, podemos fortalecer os laços entre indivíduos, comunidades e mais além. É abraçando o poder da reciprocidade que podemos criar um mundo mais amável, mais solidário e realizador para todos.

Eis um exemplo concreto para ilustrar o poder da reciprocidade na vida quotidiana:
Considere a história de Paul e Emma, dois vizinhos que vivem no mesmo edifício. Um dia, Paul nota que Emma está a ter dificuldades em levar as suas compras para o seu apartamento. Ele decide espontaneamente ajudá-la, sem esperar nada em troca. Emma está muito grata e agradece calorosamente a Paul pelo seu gesto.

Algumas semanas mais tarde, Paul está de férias e percebe que se esqueceu de pedir a alguém para regar as suas plantas enquanto estava fora. Ele envia uma mensagem à Emma a perguntar se ela o pode fazer. Lembrando-se da ajuda de Paul, Emma concorda prontamente e toma conta das plantas de Paul até ele regressar.

Este exemplo mostra como um acto de generosidade sem expectativa de recompensa imediata pode criar um círculo virtuoso de reciprocidade. Paul ajudou Emma sem esperar nada em troca, e quando ele precisava de ajuda por sua vez, Emma estava lá para retribuir.

Esta história também ilustra a importância da gratidão e do reconhecimento no ciclo de reciprocidade. Emma expressou gratidão a Paulo pela sua ajuda, reforçando a ligação entre eles e criando um ambiente para a reciprocidade. Se Ema não tivesse ficado grata, é possível que Paulo não tivesse pensado nela quando, por sua vez, precisou de ajuda.

Finalmente, este exemplo destaca a necessidade de estar aberto a receber ajuda e generosidade de outros. Paul pode ter tido relutância em pedir ajuda a Emma, mas ao estar aberto a receber, permitiu que a Emma retribuísse e fortalecesse o seu vínculo. Este tipo de intercâmbio pode ajudar a criar uma comunidade mais solidária e solidária, onde as pessoas estão dispostas a ajudar e a apoiar-se mutuamente sem esperar nada em troca.

CAPÍTULO 14: NEGOCIAR EM SITUAÇÕES DIFÍCEIS - GERIR A PRESSÃO E AS EMOÇÕES

A negociação é uma arte delicada, especialmente quando estão envolvidas situações e emoções difíceis. Saber como lidar com a pressão e as emoções nestas negociações é essencial para se chegar a um acordo mutuamente satisfatório. Neste capítulo, exploramos técnicas e estratégias para abordar negociações difíceis com confiança e sucesso.

1. Preparação e investigação

O sucesso de uma negociação depende, em grande medida, de uma preparação adequada. Antes de entrar numa situação de negociação difícil, é importante reunir toda a informação relevante e compreender as questões. Isto permitir-lhe-á abordar a situação com uma base sólida e sentir-se mais confiante.

2. Mantenha-se calmo e concentrado

Controlar as suas emoções é crucial em negociações difíceis. É essencial permanecer calmo e centrado, mesmo que a situação se torne tensa. Tome tempo para respirar fundo e recentrar-se se sentir as suas emoções a tomar conta. Tenha em mente que a raiva e a frustração não o ajudarão a chegar a um acordo satisfatório.

3. Escuta activa e empatia

Em negociações difíceis, é crucial praticar a escuta activa e a empatia com as outras partes. Ao ouvir atentamente e tentar compreender as necessidades e preocupações dos outros, estará mais apto a encontrar soluções criativas e mutuamente benéficas.

4. Separar as pessoas dos problemas

Em situações difíceis, é importante distinguir entre pessoas e problemas. Evite atacar pessoalmente outras partes, mesmo que não concorde com as suas posições. Ao concentrar-se mais nos problemas e interesses do que nas personalidades, pode trabalhar em conjunto para encontrar soluções que satisfaçam as necessidades de todas as partes.

5. Procura de interesses comuns

Para facilitar a resolução de conflitos, identificar os interesses comuns entre as partes negociadoras. Ao encontrar pontos de acordo, é possível criar um ambiente mais colaborativo e construtivo para se chegar a acordo.

6. Explorar opções e propor alternativas

Em negociações difíceis, é importante não ficar preso a uma única solução. Explorar diferentes opções e propor alternativas para se chegar a um acordo. Ao ser aberto e flexível, será mais capaz de encontrar um compromisso que satisfaça as necessidades de todas as partes envolvidas.

7. Gestão de bloqueios

Os impasses são comuns em negociações difíceis, e é importante saber como lidar com eles. Quando se vê confrontado com um impasse, afaste-se e reavalie a situação. Identifique os obstáculos que impedem um acordo e procure formas de os ultrapassar. Se necessário, não hesite em fazer uma pausa nas negociações para reflectir e voltar com novas ideias ou perspectivas.

8. Aprender a fazer concessões

Em negociações difíceis, é essencial aprender a fazer concessões. Isto significa estar preparado para fazer alguns compromissos para chegar a um acordo que beneficie todas as partes envolvidas. Ao fazer concessões, certifique-se de que estas são equilibradas e justas, e não tenha medo de pedir concessões em troca.

9. Manter uma comunicação aberta e honesta

A comunicação é a chave para o sucesso em negociações difíceis. Certifique-se de que mantém uma comunicação aberta e honesta com todas as partes envolvidas. Seja claro quanto às suas necessidades e preocupações, sendo ao mesmo tempo sensível às necessidades e preocupações dos outros.

10. Saber quando terminar a negociação

Em algumas situações pode ser necessário terminar uma negociação se não se conseguir chegar a um acordo satisfatório. Se tiver explorado todas as opções e feito concessões razoáveis sem chegar a um consenso, poderá ser tempo de terminar a negociação. Isto pode ser decepcionante, mas é importante reconhecer quando é melhor retirar-se e considerar outras alternativas.

Em conclusão, negociar em situações difíceis é um desafio que requer preparação, escuta, empatia e controlo emocional. Ao adoptar estas técnicas e estratégias, estará melhor equipado para lidar com a pressão e as emoções de negociações difíceis, e assim chegar a acordos mutuamente satisfatórios. Lembre-se que a chave do sucesso é a colaboração, a comunicação e a vontade de encontrar soluções que satisfaçam as necessidades de todas as partes envolvidas.

CAPÍTULO 15: TORNAR-SE UM NEGOCIADOR MESTRE: PÔR EM PRÁTICA AS SUAS COMPETÊNCIAS RECÉM-ADQUIRIDAS

Parabéns! Aprendeu as competências necessárias para se tornar um negociador eficaz. Agora é tempo de as pôr em prática. Aqui estão algumas dicas para se tornar um negociador mestre.

1. Prepare-se antes da negociação: Antes de iniciar uma negociação, certifique-se de conhecer a situação e as pessoas envolvidas. Procure informações sobre as questões, objectivos e interesses de cada parte. Identifique também alternativas possíveis e esteja preparado para responder a quaisquer questões que possam surgir durante a negociação.

Para se preparar bem, pode também considerar colocar-se no lugar da outra parte e imaginar as suas expectativas e preocupações. Isto ajudá-lo-á a antecipar as suas objecções e a preparar soluções alternativas.

2. Ouça com atenção: Durante a negociação, ouvir atentamente as opiniões da outra parte e fazer perguntas para esclarecer as questões. Compreender as suas necessidades e interesses e procurar encontrar soluções que satisfaçam ambas as partes.

Ouvir atentamente a outra parte irá ajudá-lo a compreender melhor as suas motivações e preocupações. Pode também ajudá-lo a encontrar soluções criativas e inovadoras que satisfaçam as suas necessidades, ao mesmo tempo que lhe permitem alcançar os seus objectivos.

3. Ser criativo: por vezes é preciso ser criativo para encontrar soluções que satisfaçam toda a gente. Pense fora da caixa e procure soluções inovadoras.

Ser criativo pode ajudá-lo a encontrar soluções para problemas que pareciam intransponíveis. Considere diferentes opções e esteja aberto a novas ideias e perspectivas.

4. Seja paciente: As negociações podem ser longas e árduas. Sejam pacientes e persistentes. Se precisar de fazer uma pausa para reflectir ou recarregar, faça-o.

A paciência é essencial nas negociações. Se estiver com pressa ou impaciente, pode tomar decisões impulsivas que não servirão os seus interesses a longo prazo. Tome tempo para reflectir e encontrar soluções que satisfaçam as necessidades de todas as partes envolvidas.

5. Manter a calma: as negociações podem ser emocionalmente carregadas. Mantenha-se calmo e não deixe que as suas emoções levem a melhor sobre si. Mantenha-se concentrado nos objectivos e resultados desejados.

É importante manter a calma e manter uma perspectiva objectiva durante a negociação. Evite levar as coisas pessoalmente e concentre-se no resultado desejado. Se necessário, faça uma pausa para se acalmar e recuperar a compostura.

6. Respeitar a outra parte: o respeito é importante em qualquer negociação. Trate a outra parte com respeito e consideração, mesmo que não esteja de acordo com eles. Isto pode ajudar a construir confiança e facilitar futuras negociações.

O respeito mútuo é crucial nas negociações. Tratar a outra parte com consideração e respeito pode ajudar a construir confiança e facilitar futuras negociações. Evite ataques ou críticas pessoais e concentre-se nas questões e soluções.

7. Ser flexível: as negociações podem ser imprevisíveis. Esteja preparado para ajustar a sua estratégia, se necessário. Esteja também aberto a compromissos e alternativas que possam beneficiar ambas as partes.

A flexibilidade é importante na negociação, uma vez que as condições podem mudar rapidamente. Esteja preparado para ajustar a sua estratégia, se necessário, e esteja aberto a novas ideias e perspectivas. Por vezes podem ser necessários compromissos para se chegar a uma solução que satisfaça todos.

Seguindo estas dicas, pode tornar-se um negociador mestre e conseguir alcançar os seus objectivos, satisfazendo simultaneamente as necessidades e interesses de todas as partes envolvidas. Pratique regularmente estas competências para as melhorar e aperfeiçoar ao longo do tempo.

Finalmente, lembrem-se que a negociação é um processo contínuo. Continue a aprender e a melhorar, recolhendo feedback e avaliando o seu desempenho. Com prática e perseverança, pode tornar-se um negociador mestre e alcançar sucesso duradouro em futuras negociações.

Para o ajudar a continuar a melhorar, pode ser útil pedir feedback à outra parte ou a um mentor ou treinador de negociação experiente. O feedback pode ajudá-lo a identificar os seus pontos fortes e fracos e a determinar áreas onde pode melhorar.

Além disso, é importante continuar a educar-se e a informar-se sobre as últimas tendências e práticas em negociação. Livros, cursos, seminários e conferências são todos recursos para o ajudar a continuar a aprender e a desenvolver-se.

Finalmente, lembrem-se que a negociação é, acima de tudo, sobre as relações humanas. Construir relações de confiança e de respeito com outras partes pode ajudá-lo a alcançar os seus objectivos a longo prazo. Tire tempo para desenvolver estas relações e trabalhar na sua comunicação interpessoal para melhorar o seu desempenho na negociação.

Se procura livros para o ajudar a aprender a negociar, aqui estão algumas sugestões:

1. "Getting to Yes: Negotiating Agreement Without Giving In" de Roger Fisher e William Ury: Este livro é considerado um clássico no campo da negociação. Fornece técnicas práticas para chegar a acordos que satisfazem todas as partes envolvidas.
2. "Never Split the Difference: Negotiating As If Your Life Depended On It" de Chris Voss: Este livro é escrito

por um antigo negociador do FBI e oferece conselhos práticos sobre como negociar com sucesso em qualquer situação.

3. "Crucial Conversations: Tools for Talking When Stakes Are High" de Kerry Patterson, Joseph Grenny, Ron McMillan e Al Switzler: Este livro discute as capacidades de comunicação necessárias para ter conversas importantes, incluindo negociações.

4. "Negotiation Genius: How to Overcome Obstacles and Achieve Brilliant Results at the Bargaining Table and Beyond" de Deepak Malhotra e Max Bazerman: Este livro explora estratégias e tácticas para ter sucesso em negociações difíceis e alcançar resultados brilhantes.

5. "The Art of Negotiating the Best Deal" de Gerard Nierenberg: Este livro oferece técnicas práticas para melhorar as capacidades de negociação, incluindo comunicação, persuasão e gestão de conflitos.

Estes livros estão todos disponíveis em francês e podem ser um recurso valioso para melhorar as suas capacidades de negociação.